Rolf Friedrich Schuett

Kurz und klein – klein, aber fein

*Kunst betrügt Kunden durch Qualität*

MIX
Papier aus verantwortungsvollen Quellen
Paper from responsible sources
FSC® C105338

ROLF FRIEDRICH SCHUETT

# Kurz und klein – klein, aber fein

Kunst betrügt Kunden durch Qualität

*A-Aphorismen*

Books on Demand

Bibliographische Information Der Deutschen Bibliothek:
Die Deutsche Bibliothek verzeichnet diese Publikation
in der Deutschen Nationalbibliographie; detaillierte
bibliographische Daten sind im Internet abrufbar über
http:// dnb.ddb.de

Copyright © 2017 Rolf Friedrich Schuett

2. überarbeitete und erweiterte Auflage

Herstellung und Verlag :
BoD – Books on Demand, Norderstedt

Gedruckt auf alterungsbeständigem Papier
(holz- und säurefrei)

Umschlaggestaltung : E. L. Schmidt

Printed in Germany

ISBN 978-3-7412-7673-6

„Denn die zu beispielloser Höhe gestiegene Technik unserer Zeit gibt, indem sie die Gegenstände des Luxus vervielfältigt und vermehrt, den vom Glücke Begünstigteren die Wahl zwischen mehr Muße und Geistesbildung einerseits und mehr Luxus und Wohlleben bei angestrengterer Tätigkeit andererseits: sie wählen, charakteristisch, in der Regel das letztere und ziehn den Champagner der Muße vor. Dies ist auch konsequent: denn ihnen ist jede Geistesanstrengung, die nicht den Zwecken des Willens dient, eine Torheit, und die Neigung dazu nennen sie Exzentrizität." *(Arthur Schopenhauer)*

„ … doch meine ich, es werde eher zuviel geschrieben, und die Gedanken zahlreicher Autoren hätten gewonnen, wären sie weniger verdünnt worden; auch, dass weitschweifig vorgebrachte Gedanken der Zeit und der Zerstörung mehr Angriffsflächen bieten. Häufig sind auch die Weitschweifigsten diejenigen, die am wenigsten zu sagen haben." (*André Gide* : „Tagebücher", 02. 01. 1931)

Für Elke

**Kunden wollen Kitsch. Künstler liefern Kunst. Betrug!**

Wo Zählen über Erzählen siegt,
verliert der Verstand einen Menschen.

Kämpft miteinander, langweilt euch gegeneinander!

Die Gesellschaft macht jeden zum *selfmademan*,
der sich selbst zum Herdentier macht.

Geistesblitze : Mündigkeitsfeuer aus Lebensläufen.

Abstrakte Bilder von Tatsachen sind die anschaulich praktischen Beispiele der Theoretiker.

Sichtbares verschwimmt gegen den Tränenstrom.

Der Aphorismus beginnt an seinem quicken Ende.

Die Zeitung vergeht schneller als die Zeit.

Viel- und Zwiespältiges steht zwischen den Zeilen.

Ein Produkt seiner Gene und Umwelt
ist kein Kind Gottes.

Jede rechtsstaatliche Gewaltenteilung
will die ganze Macht für sich.

Verrate nicht, dass du beredt schweigst,
doch verschweige, dass du dich verrätst – an andere.

Ungeborene und Nachwelt sind ihrer Zeit voraus.

Ein kleines Licht sieht wenigstens sich erleuchtet
und Armleuchter als Aufklärer.


Wer alles erfahren will, darf sich kein Haus bauen.


Das Jüngste Scherbengericht ist längst vorbei.
Grabt es endlich aus!


Mancher Christ nimmt Gott ins Gebet.


Wer von Luft und Liebe lebt,
scheidet nicht Hass aus.


Kann man unzweifelhaft an allem zweifeln?


Richtiges Sein verstimmt das falsche Bewusstsein.

Gedankenloses Reden ist leichter
als nonverbales Denken.


Bücherwürmer mögen Karteileichen
und tote Autoren.


Der falsche Prophet gilt in jedem Land alles.


Mehr Freiheit von denen,
die mehr Freiheiten haben!


Ein Buch, das ich studiert habe, will ich lesen.


Deine Distanzierung von mir tritt mir zu nahe.


Wer die Wahrheit zu wissen weiß, irrt oder lügt,
glauben viele mit letzter Gewissheit zu wissen.

Man lebt immer im finstersten Mittelalter
zwischen Altertümern und Zukunftsmusik.


Iss vom Baum der Erkenntnis des Guten und Unguten, vertreib dich aus dem Kaufhausparadies!


Hat der Schöpfer all unsere Bücher besser gelesen
als jedermann Sein einziges?


Wach sein heißt träumen,
traumloser Beischlaf ist doppelt gemoppelt.


Wir verstehen uns nicht : Ich kann deine Gedanken
besser lesen als meine.


Es gibt zwanghaften Freiheitsdurst
wie freiwillige Selbstausbeutung.

Neues? Ein seltener Kopierfehler kopiert sich fort.


Glück hat oft, wer´s nicht braucht.


Wer vor dir zurücktritt, tritt mir auf die Füße.


Tiefsinn liebt Untiefen überm Boden der Tatsachen.


Das höchste Prestigeobjekt ist es, keins zu wollen.


Wer sieht und hört,
dass er sich einmal an etwas erinnern wird?


Zur Vollkommenheit und Allmacht Gottes zählen
freiwillige Fehler und Schwächen (auch für uns).

Zieht oder stoßt erst den Dreck aus der Karre!


Man hat eine Schwäche für Perfektion, doch etwas
ohne etwas Unvollkommenheit ist unvollkommen.


Monogamie ist Bigamie
mit sich selbst und dem Einzigen.


*Erkenntnistheorie* : Es ist nichts Objektives, dass es
so etwas gibt, aber Nichtobjektives gibt es objektiv
und Nichtsubjektives nur subjektiv.


Gottes Schweigen kann sehr beredt und beredet
sein. Er lässt Tat(sach)en sprechen und hält Sein
Versprechen, dass wir unseres brechen.


Es gibt mehr Hinterwelt- und Unterwelteroberer
als Nachwelterunterer.

*Position.* Wem liegt es, Besitzern zu widerstehen?

Lasst Untaten und Untätige sprechen,
handelt mit Worten!

Stammt der Mensch vom Untier oder Unmenschen
ab – oder umgekehrt?

Vorm Gesetz sind alle gleicher als vor Gericht.

Fleischfresser haben kein Sitzsoja,
und Sex hat heute viel Hecktic.

Keine Liebe mehr ohne Einwühlungsvermögen?

Sei sensibler für Konsens von Dissens und Nonsens.

Das Warten auf Godot dauert und dauert –
den armen Zuschauer.


Ist die freie Welt nun frei
von den Zehn (oder 614) Geboten der Befreiung?


Auch bei Soziologen ist die Unterschicht
längst oben durch.


Dummköpfe handeln eher kopf- als kehlkopflos.


Atomraketen werden schneller besser als die Welt.


Teile Meinungen mit keinem,
dann hast du sie ganz für dich allein.


Wachse auf dem Mist, den andere machen!

Bastarde überleben das Stammbaumsterben.


*Aphoristiker* : schreckhafte Vereinfacher
ohne Verein in vielfachsten Einzelsätzen.


Was nicht geht, stolpert nicht,
doch eine Eintracht Prügel ist immer in Mode.


Mancher Atheist glaubt mehr, als er glaubt.


Gegen Unterbezahlung rebellieren nur Überbezahlte


Jeder wird gefressen von Würmern in den Äpfeln
vom Baum der Erkenntnis oder angelt mit ihnen
kleine Fische.


Auch in Diktaturen gibt man regelmäßig
die Stimme des Gewissens an Urnen ab.

*Masse* : Individualverkehr steckt im Dauerstau.


Wer aus der Welt nicht klug wird,
wird schlau daraus.


Ein Leben, das nie anfängt, ist immer am Ende.


Ein Traum lügt seltener, als sein Deuter irrt.


Erben sind vom Start weg am Ziel,
andere vorm Start schon am Ende.


Fortschritt ist der aufrechte Gang der Dinge
und der waagerechte Wolfgang des Menschen.


Mancher Nachweltruhm erreicht Unterweltniveau.

Bücher sind meist zu schwer für starke Kerle.


*Entrüstung entwaffnet nicht.* Das Licht,
das Denkern aufgeht, kann Bomben zünden.


Wird Wind und Wasser knapp,
streckt man sie mit billigem Öl und Sonnenwind.


Wer ins Leben tritt, hat böse Erinnerungen vor sich.


Die Wahrheit macht uns vor,
dass die Lüge uns verrät.


Stille macht unruhig, Raserei wurde zum Rastplatz.


Mit Egoismus aggressiv, ohne Egoismus depressiv.

Die Dialektik entsteht, wo der Dialog entgleist.

Meinen Stolz verstecke ich in aller Bescheidenheit.

Zu viele Gedanken lassen den Kopf hängen,
zu wenige Gefühle das Herz brechen.

Viele Demagogen sind Demoskopen,
die durch Abfragen die Meinungen erst schaffen.

Würde der Bescheidene beachtet, wäre er geachtet.

Popmusik muss Marschmusik sein;
sie überwindet alle Ländergrenzen.

Auf Gegenliebe zu stoßen, gibt keinen Denkanstoß.

Utopien werden zur Hölle:
Die Hölle *ist* eine Utopie.


Das häufig fernste Ziel heißt Anfangen.


Schon lange herrschen hier Frieden und Freiheit.
Sie dienen zu nichts.


Jeder ist so mächtig, wie seine Ideen frei sind
von seinem Können und Machen.


Ist der Dieb schlechter als der Eigner,
ist der Macher besser als der Künstler.


Ag(it)iert schön, und lest dann eure Akten
und aktuellen Aktien!


Rebellen tun nicht dasselbe und nicht das Gegenteil
und auch nichts dazwischen.

Ich wohne auf Sirius, und die Erde ist mein Ideal.


Anerkennen erkennt man nicht am Erkennen u. u.


Große Kunst und Wissenschaft sind das,
was die meisten nicht mal geschenkt nehmen.


Der freie Mensch folgt sklavisch seinen Vorlieben,
der begabte seinen Naturtalenten.


Bloßes Altern gilt als beste Selbstverwirklichung.


Nur Helden werden entschuldigt,
da sie sich nicht entschuldigen.


Dein Licht erleuchtet dich auch unterm Scheffel.

Der Zweck instrumentalisiert das Heilige.


Gefühle und Fortbewegungsmittel bewegen uns.
Wer sich bewegt, ist ein Automobil.


Böses tut man meist mit besserem Gewissen
als das Gute.

---

Sei nicht ganz auf der Höhe, sondern etwas darüber!


Abstrakte Kunst ist auch linientreu.


Kant und Schiller waren zeitweise auf der Höhe
ihrer knapp vermiedenen Zeitlosigkeit.


Tolerant sein heißt arbeiten lassen.

Können und Wissen haben den Sinn,
überholter zu werden als die Wahrheit.


Reiche sind Relativisten, Arme sich absolut sicher.


Kommunikation hat den Zweck, gute Argumente
durch Gegenargumente zu ersetzen.


Du windest dir deine anders als meine Kränze.


Soll sich die Welt regieren mit der Bergpredigt
oder den Zehn Geboten der Selbstbefreiung?


Wer Ideale realisiert, macht die Realität utopisch.


Fersengeld nimmt man gern für bare Münze.

Wer in sich geht, trifft Fremde;
wer sich findet, ist außer sich.


Wer nicht mitmacht, muss viel mitmachen.


Wer kein schlechtes Gewissen kriegen will,
darf nicht zu viel Gutes tun.

---

Die längste Entfernung zwischen zwei Standpunkten
ist ewiges Kreisen umeinander.


Oft steht uns schon bei, dass einer nur dabeisteht.


Wer sich oft wie neugeboren fühlt, bleibt kindisch.


Unfreiheit bleibt sträflich straffrei.

Die große Welt ist eine aufgeblasene Halbwelt
oder zu dick aufgetragene Unterwelt.


Wer sich selbstverwirklichte,
erkennt sich nicht wieder.


Altern heißt immer mehr opfern,
wofür man mehr Opfer bringt.


In guten alten Zeiten ging es
noch nicht zu vielen zu gut.


Theoretiker bringen in (Müßig)Gang,
was Praktiker feststellen.


Flucht- und Dienstweg des geringsten Gegenstands
ist die längste Verbindung zwischen zwei Verstand-
punkten.

Ist Darwinismus eher Tierliebe oder Tierquälerei?


Viele Wünsche lassen selbst zu wünschen übrig.


Verschmelzen Einzelne,
entsteht eine einsame Masse, die solidarisch zerfällt.


Pluralismus ist keine Summe von Monotonien.


Beredtes Schweigen ist oft unredliches Gold.


Aphoristiker brechen ihr Machtwort und halten
die vielen Schimpfworte, die sie verloren haben.


Nur ein Dachschaden steigt Stärkeren aufs Dach.

Schuld und Unschuld zu leugnen, verdoppelt sie.


Forscher empfehlen nun wärmstens
kältere Gletscher.


Freud legte unsere Scheiße und unser Schweigen
auf die Goldwaage.


Falsches Bewußtsein hat größtes Selbstbewußtsein.


Recht auf Arbeit ist hier schon Pflicht zur Arbeit.


Die Arbeitsfreude der Künstler
übertrifft eure Urlaubsfreuden.


Für beredetes Schweigen gibt es
mehr Rhetorikkurse als für beredtes.

Es tut nicht gut, wenn man sich aus dem Nichtstun
rein gar nichts macht.


Kommunizieren heißt, sich die Meinung zu sagen.


Die Menschheit steht immer vor großen Aufgaben –
auf und stramm. Wie die Kuh vorm neuen Fabriktor.


Ein Angriff auf die Mächtigen, die man flieht,
ist ein Griff nach den Sternen, die man sieht.


Sachlichkeit braucht keine eigene Meinung.


Ein Autor muss zusehen, wo er schreibt und bleibt.


Haare werden gespalten auch auf den Zähnen
und in der Suppe.

Beamte setzen nun auf meine selbstverantwortliche Eigeninitiative.


*11. Feuerbachthese* : Es kömmt aber darauf an, die Welt als richtig verändert zu interpretieren.


Gute Ideen garantieren noch
keine gesicherte Nichtexistenz.


Aus Affen (und Praktikern) kann nix mehr werden.


Es gibt immer dieselben Zehn Gebote der Stunde.


Viele Menschen arbeiten am aufrechten Müßiggang.


Kleinste Aphorismen machen die größten Sprüche.

Kehrt den ganzen Dreck doch
unter den fliegenden Teppich!


Größte Forscher sind auf der unnötigsten Suche
nach den notwendig nutzlosesten Wahrheiten.


Richtige Fragen werden zensierter
als falsche Antworten.


Zuchthäuser waren immer Unzuchthäuser.


Ganz nackte Tatsachen ziehen uns eher aus als an.


Sozialisten schmiedeten eine Planwissenschaft.


Nehmt mich nicht beim unverständlichsten Wort!

Wer nichts (Besseres) aus sich machen konnte,
kann immer noch den guten Menschen machen.


Marionettenspieler hängen an den rotesten
und seidensten Fäden ihrer Puppen.


Zwischen allen Stühlen sitzt man gut
auf dem vergoldeten Lebensmittelweg.


Was man in- und auswendig kennt,
ist nie die nackte Haut dazwischen.


Die ganze Welt besteht nicht aus zwei Halbwelten,
kann aber darin zerfallen.


Vom Baum der Erkenntnis nimmt man
kaum ein beschriebenes Blatt vor den Mund.

Lauttreter sind heute oft die Duckmäuser.


Ein Kopf erfasst, warum er sich kein Herz fasst.


Was unter die Haut geht, geht auf den Geist.


Hintermänner haben Nachteile der Vordergedanken.


Ihr Lieben alle
diktiert mir meine liebsten Aphorismen.


*Lebenswege* : Trampelpfade von altkluger
Naseweisheit zu kindischer Altersgeilheit.


Du drehst mir einen Strick
aus dem seidenen Faden, an dem du hängst.

Berechtigte Kritik üben nur unberechtigte Kritiker.


„Ich weiß, dass ich nichts weiß." *(nach Sokrates)*
„Ich weiß, dass du nichts weißt."


Nur Nachdenken kann vorhersehen,
voraussagen und vorvorurteilen.


Größere Qualität schlägt um in kleinere Quantität
und höhere Quantität in niedere Qualität.


Mein Gedächtnis ist gut,
es erinnert sich nie an mich.


Vor dem A und O setzten Chinesen ein M,
zwischen A und O die Linken ein P.

**Pandekten und Indigesten**

Ein Stammtisch ist aus diversen Stammbäumen.

Jeder trägt sein Kreuz wie einen Tapferkeitsorden.

Bleib dir treu und nimm jede Kritik an!

Vorurteil bringt Vorteil, Kratzbürsten juckt wenig.

Kann ein Herz, das ich an dich verloren habe,
dir oder mir noch in die Hose rutschen?

Bahnbrecher erleiden oft Bahnbruch, doch das Band
der Liebe ist kein Ehebruchband.

Der Kirchenstaat ist nicht das Reich Gottes, sein
Rechtsnachfolger oder kommissarischer Verwalter.


Lösch das Licht,
und du stehst nicht mehr im Schatten.


Am grünen Tisch sitzt nur,
wer auf den grünsten Zweig kam.


Der Christ (über)lebt von seiner Hand in den Mund
des Nächsten.


Ich habe die Welt verändert.
Mein Aphorismus zeigt besser, wie sie ist.


Habenichtse sind meist Antikommunisten
und Antikapitalisten wohlhabend.

Theologen in Villen predigen
den Stall von Bethlehem.


Alle Macht den Rufern:
„Die Phantasie an die Macht!" ?


Dichter und Denker sind nirgends glücklicher
als mit geglückten Aphorismen.


Sieh in den Spiegel: Kants *Ding an sich* ist dahinter.


Beste Bücher überdauern schon eine lange Weile.


Lässt sich voller Spontaneität über sie nachdenken?


Neid vergisst auch unsterbliche Helden.

Genießt in rechtsfreier Welt
das Vorrecht des Rechts!


Auf den brennendsten Fragen der Zeit
kann man sein Süppchen kochen.


Wer etwas unvergesslich nennt, ist schon vergessen.


Ist der Baum des Überlebens nicht der Baum der
Erkenntnis außerhalb des Paradieses geworden?


Seid mir Sünder gnädig und bestraft meine Feinde!


Der Greis dünkt sich eher eine Antiquität
als ein Abfall.


Schwaches Licht wirft nicht mal düstere Schatten.

Sieht Gott denn aus wie ein Mann,
der wie ein Gott aussieht oder eine Diva?


Am spontansten reagieren die bestens Präparierten.


Sünde ist Probebohrung durchs Grab in die Hölle,
doch kommen Versuchsballons in den Himmel?


Ist dir nie mehr zu nehmen, was du frei gegeben?


Sind unsere Riesenteleskope denn Schlüssellöcher
zu Gottes Schlafzimmer?


Besser immer neue Mängel als immer die alten!


„Gott ist tot"? Blutige Idioten sind seine Nachfolger

Gib der Natur Saures,
und sie gibt`s deinen Urenkeln zurück.


Sind Freunde nur in der Not unterhaltsam
und hilfreich beim Verschwenden?


Kriegt man mal, was man will, kommt teure Sucht.


Gibt es nur Himmel und Hölle, werden gute
und böse Taten nicht sehr differenziert beurteilt.


Ungestörter Streit um das, was gerecht ist,
stört den Rechtsfrieden, den er voraussetzt.


Man weiß, dass es einen geglaubten Gott gibt, und
glaubt, dass es einen allgemeinverständlichen gibt.

Wer zweifelhaften Mitindividuen nicht widersteht
und widerspricht, ist Herde und Horde.


Der Staat ist die Faust gegens Faustrecht
und hat Recht auf Gewalt gegen Gewalt.


*Gerecht oder gerichtet?* Das Beste, was ich tat,
war das Böse, das ich ließ.


Ich leide an deinem Mitleid,
das nie meine tapfere Geduld rühmt.


*Beats* sind Schläge. Popmusik ist Marschmusik,
und üben „Loveparades" schon Militärparaden ein?


Hochkultur ist ihnen zu hoch : Intellektuelle lieben
Popkultur, die infantile Volksverblödungsindustrie
des vulgären Mittelstands.

Unterschicht braucht Hochkultur, nicht Aufstieg.
Was hat Pop(ulismus) gemein mit Kultur,
Rebellion und gemeinem Volk?


Mancher ist nicht geistreich genug für den Geist,
den er dauernd beschwört.


Christlich (und aphoristisch) betrachtet,
bricht das kleinste Gebrochene das große Ganze.


Jede kurze Sentenz bannt Flüchtiges
nur für kurze Zeit, bis zur nächsten.


Eltern tragen die Verantwortung dafür,
dass ihre Kinder sie ihnen abnehmen.


Gibt es auch eine Evolution der Naturgesetze
von All zu All, um mit immer einfacheren Mitteln
immer komplexere Variationen zu ermöglichen?

Das letzte Tabu ist, dass es keins mehr geben soll.


Gestorben für uns ist, was nicht mehr umstritten ist.


Husserl stahl allen Philosophen die „Wesensschau".


Sind viele Wunder durch Kausalgesetze verknüpft?


Die Faust unters Kinn ballt sich
nur noch in der Tasche.


Wer sich nicht durchschaut fühlt,
fühlt sich unverstanden – und umgekehrt.


Wahrheitsliebe ist eine neurotisch gehemmte Libido
mit notorisch schlechtem Gewissen.

Ein Künstler, der es zu etwas Nennenswertem
bringen will, darf es zu nichts bringen.


Nur ich bin vernünftig.
Auf die Vernunft des Nächsten ist selten Verlaß.


Der Kritiker rezensiert, das Publikum zensiert
auch den freiesten Künstler.


Nur Familienmitglieder können wenigstens noch
bis Drei zählen.


Wer von guten Menschen spricht,
hält sie nicht für gut genug in ihren Jobs.


Sieh nicht den Mann an, sondern auf den Menschen,
den er (und der ihn) ansieht.

Leichter lässt sich lenken, wer zu lenken glaubt.


Bei Selbstgesprächen dürfen nicht beide zugleich
reden oder nichts zu sagen haben.


Das Argument des offenen Ohrs
überredet jedes Schweigen.


Zum ewigen Müßiggang bist du nicht reich genug.
Oder nicht geistreich genug?


Geliebte Feinde kränken uns nicht krank.


Gute Ärzte sind selten (schlechtbezahlte) Hausärzte.


Verstorbene beleben uns eher, als sie uns belehren.

*Rezeption nach Rezept.* Komischer als Witzbücher sind wissenschaftliche Werke darüber.


Literatur redet ganz leicht von einfachen Dingen mit vielfachen Worten den schwerwiegendsten Unsinn.


Teufel in Menschengestalt sind nötig, damit arme Sünder sich für reine Engel halten können.


Wer länger leben will, muss so gesund sein, dass er seine Gesundheit, Krankheiten und Ärzte überlebt.


*Die Welt will betrogen werden*, hat aber kein Recht dazu. Warum sollte sie gerade diesen Wunsch erfüllt kriegen?


Wer Zufälle regeln könnte, ohne dass sie notwendig würden, sähe einem Gott schon recht ähnlich.

Gewohnheiten, die man noch ändern kann,
sind eher sprunghaftes Verhalten oder Launen.


Fortschritt heißt ihn (tanzschritt)weise überschreiten


Mancher Kopf hilft eher beim Überleben
als beim Überlegen.


Der Freie wird unvernünftig;
der Vernünftige ist gebunden.


Stellen Nomaden nichts fest und
kultivieren keinen Boden der Tatsachen?


Seit meinem Verfallsdatum bin ich nicht verfallen,
kann aber keiner mir mehr gefallen und verfallen.

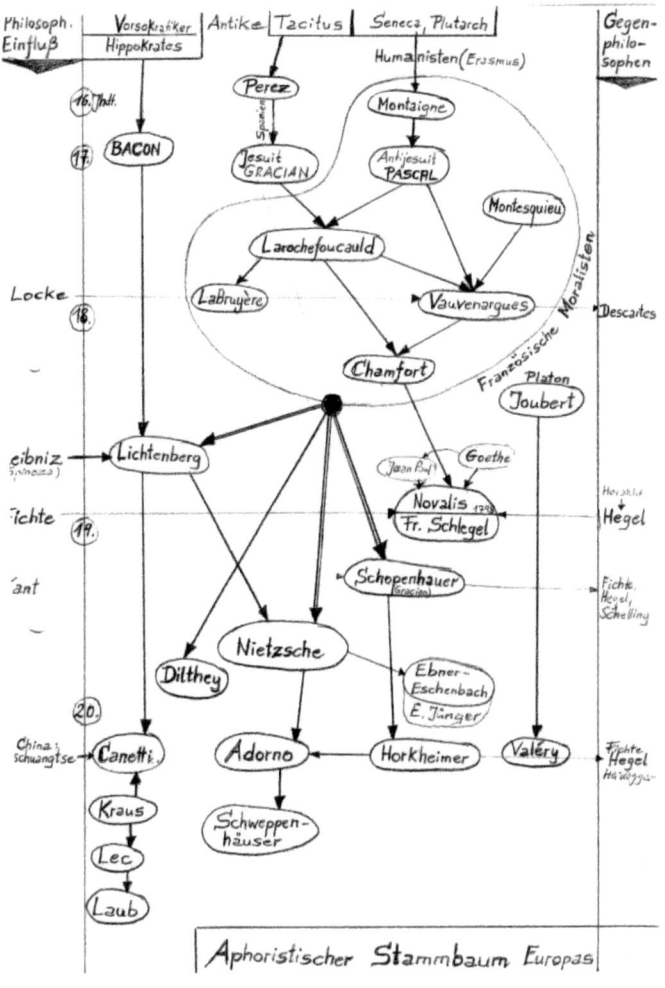

Woher stammt der Lebensunterhalt des Philosophen und seiner Eltern ? Aus welcher Familie kommt er, und hat er eine gegründet ?

| PHILOSOPH | M(utter), V(ater) | V(erheiratet), K(inder) | Lebensunterhalt | Krankheiten, Tod | Alter |
|---|---|---|---|---|---|
| Thales v. Milet | | | Ölpressenvermieter, *Lehrer* | | 79 |
| Sokrates | V : Schuster | V (Xanthippe), Päderast | Schuster | (Schierlingsbecher) | 70 |
| Plato | Athener Altadel | misogyner Päderast | Akademielehrer | | 80/62 |
| Aristoteles | V : Leibarzt des Königs von Mazedonien | viermal V, Konkubinen | Lehrer am Lykeion | Magenkrankheit | |
| Epiktet | Sklaven | --- | äußerste Armut als Lehrer | Lahmheit | 88 |
| Parmenides | Adel | --- | | | 60 |
| Heraklit | Adel | --- | | | |
| Thomas v. Aquino | ital. Adel | --- | Dominikanerbettelmönch | | 49 |
| Augustinus | | --- | Bischoff | | 76 |
| Nikolaus Kues | reicher Moselfischer | --- | Bischoff, Kardinal | | 63 |
| Meister Eckart | Rittergeschlecht | | Dominikanermönch, Klosterprior | | 67 |
| Anselm v. C. | lombard. Adel | | Erzbischoff v. Canterbury | | 76 |
| Pascal | V: Steuereinnehmer M verloren mit 3 Jahren | --- | Mönch in Port Royal | | 39 |
| Montaigne | Adel | V | Gutsbesitzer, | | 59 |
| J. Böhme | V : Schuster | V K | Hütejunge, Schuster | | 44 |
| Descartes | | | | | 54 |
| Spinoza | V : jüd. Kaufmann M verloren mit 6 Jahren | --- | Brillenglasschleifer | Schwindsucht | 44 |
| Leibniz | | --- | Hofbibliothekar, Diplomat polit. Berater | | 70 |
| H u m e | schott. Adel | | Bibliothekar, Generalsekretär, Unterstaatssekretär in AA, | | 65 |
| Rousseau | | Kinder ins Findelhaus gegeben | freier Schriftsteller | Hypochondrie, Paranoia | 66 |
| Lichtenberg | V : protest. Pfarrer | V K | Philosophieprofessor | Hypochondrie, Buckel | 57 |

| PHILOSOPH | V(ater), M(utter) | V(erheiratet), K(inder) | Lebensunterhalt | Krankheiten | Alter |
|---|---|---|---|---|---|
| Mendelssohn | V: Toraschreiber | v K | | Buckel | 57 |
| S. Maimon | Poln. Schankwirt | v K (verließ seine Familie) | Autodidakt | | 47 |
| Kant | V : Sattler(armer Kleinbürger) M : Pietistin | männliche Jungfrau | Philosophieprofessor | Buckel | 80 |
| Fichte | V : Bandwirker (sehr arm) | v K | Philosophieprofessor (vorher Hüttejunge, Hauslehrer) | | 52 |
| Schelling | V : protest. Pfarrer | v K | Philosophieprofessor | | 79 |
| Hegel | V : Verwaltungsbeamter | v K ( + unehel. Sohn ) | Philosophieprofessor | Magen,Cholera | 61 |
| Feuerbach | V : Rechtslehrer | V (Porzellanfabrikantentochter Berta Löw) | lebte von seiner Frau | | 68 |
| Marx | V : Advokat | v K ( + unehel. Sohn ) | Erbschaft, Mäzen Engels | Magen | 65 |
| Kierkegaard | V : M : Haushälterin | männliche Jungfrau | Privatier durch Erbschaft | Schlagenfall, Buckel | 42 |
| Schopenhauer | V : Kaufmann M : Schriftstellerin | Bordellbesucher | Privatier durch Erbschaft | | 72 |
| Nietzsche | V : protest. Pfarrer | Bordellbesucher | Philologieprofessor (bis 35 J.) | Syphilis, progr Paralyse | 56 |
| Heidegger | V : Messner | v K | Philosophieprofessor | | 86 |
| Bloch | V : jüd. Kaufmann | v K | Philosophieprofessor | | 92 |
| Jaspers | | jüd. Frau(Krankenpflegerin) | Philosophieprofessor | Bronchiektase | |
| Adorno | V : jüd. Kaufmann Oskar W. M : kors. Sängerin Maria A. | V(Gretel Karplus : Brauereibesitzertochter) | Philosophieprofessor | Herzschlag | 66 |
| Horkheimer | V : jüd. Fabrikant | V(Sekretärin des Vaters) | Philosophieprofessor, Institutsdirektor | | |
| Sartre | V : Marineoffizier (verloren mit 5 Jahren) | Simone de Beauvoir | freier Schriftsteller | Arteriosklerose | 70 |
| Wittgenstein | Wiener Industrielle | Homosexueller | (Hoch)Schullehrer (verschenkte Erbe an Geschwister) | Krebs | 52 |

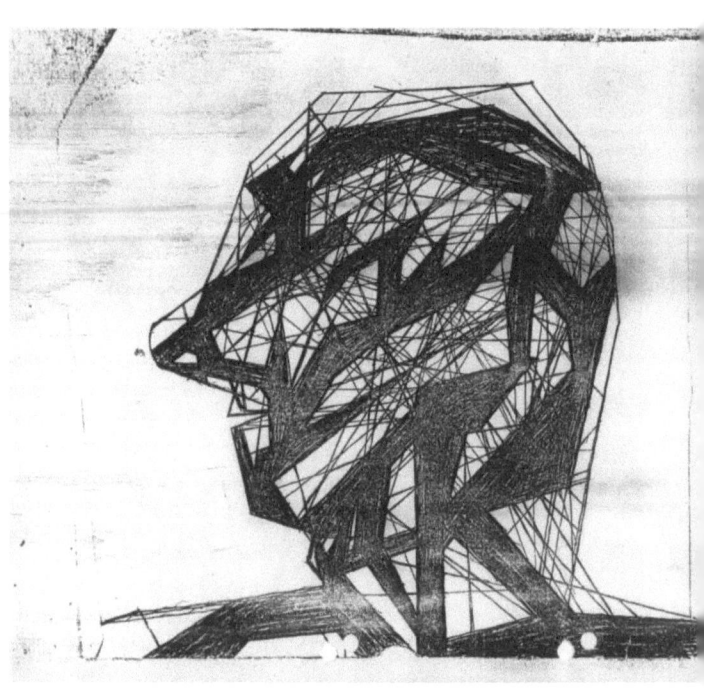

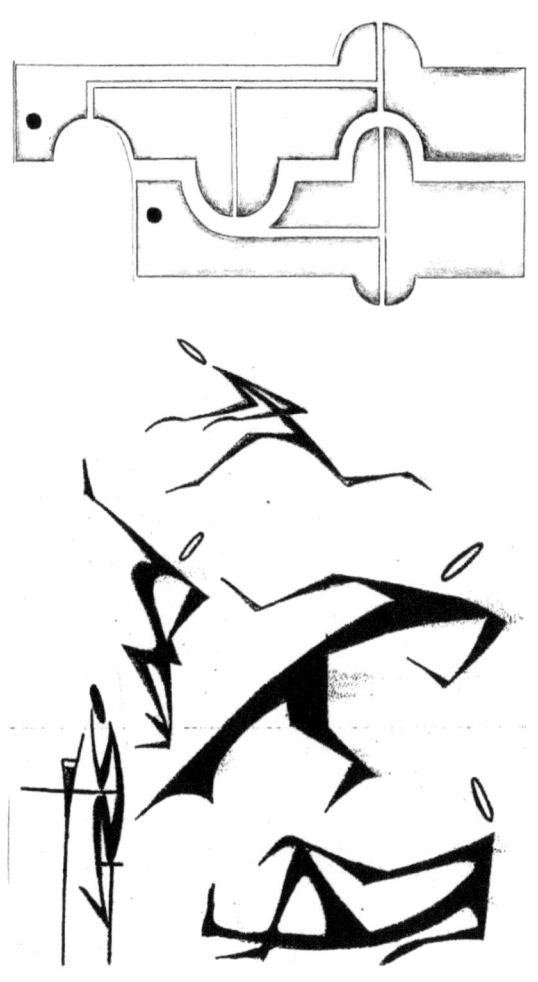

## Gut und schön, wahr und heilig?

*Kunst betrügt Kunden durch Qualität.*

Nach der Geburt ist vor dem Tod
und nach dem Tod wie vor der Geburt.

**Last wird dem Kind schwerer, dem Greis leichter als Lust.**

Wer naturgerecht leben will,
muss Affe, Amöbe oder Feigling bleiben?

Bemitleidenswert ist,
wer nur ohne Not nicht gemein ist.

Mancher glaubt von Christus nur,
dass die Kirchen irren.

*Ein Christ, der Arme nicht bereichert, verarmt.*

Der Sozialismus hatte wenigstens den Sinn,
seinen Gegnern den Sozialstaat aufzuzwingen.

Das Herz will Himmel und Hölle versöhnen,
damit Feuer und Wasser uns Dampf machen.

Nicht Materie, nur Geist widerlegt und blamiert
den Geist.

Jeder hat die Freiheit,
sein Unglück anderswo zu suchen.

Lass dir Zeit, gib mir Zeit;
nimm dir Zeit, stiehl sie mir!

Magnat als Magnet. Ist es ein Gottesbeweis,
dass nur Teufelsbeweise überzeugen?


Den Halbwahrheiten geht es ums Ganze,
auf das die Halbwelt geht.


Komm auf die Beine, die du anderen stellst und machst.


Akzeptiert, nicht akzeptiert zu sein;
akzeptiert nicht, akzeptiert zu sein!


Besteht das Reich Gottes aus den Gütern,
die jeder anderen freiwillig opferte?


Interpreten und Regisseure dünken sich Künstler.


*Kommunikation* : Esse est Interesse.

Schlimmeres vorzuhaben, hat der Greis hinter sich.

Man kann schlucken, dass man geschluckt wird,
und verdauen, dass man ausgespieen wird.

Arbeitssklaven bleiben beachtenswert unbeachtet.

Erzähltes Leben ist sinnlicher und sinnvoller
als erlebtes.

Lug und Trug sind schmeichelhafter, nützlicher
und einträglicher als Gutes und Schönes.

Man ist für friedliche Ausbeutung und gegen
kriegerische Vernichtung von Arbeitskräften.

*Tod.* Wer nichts fürchtet, fürchtet das Nichts?

„Es gibt auch Aussprüche, so kurz, … aber so erfüllt, die in ihrer knappen Energie auf alles eine so tiefe Antwort geben, dass es den Anschein hat, als ob Jahre innerer Auseinandersetzungen und geheimnisvoller Fortlassungen sich in ihnen zusammenzögen. Sie sind eins und entscheidend wie königliche Taten. Man wird lange leben von diesen paar Worten." *(Paul Valéry)*


Eine Wahrheit, die dir nicht leicht paradox
erscheint, hast du schwerlich verstanden.


Kunst ist jener Luxus, den jeder unbedingt bräuchte,
und Spaß jenes Lebensnotwendige,
das keiner brauchen sollte.


Man ist am liebsten in der Schublade,
in keine zu passen.


Sicher stärkt es sehr die Kampfmoral des Soldaten,
der seine freie Frau daheim auf dem Seitensprung
wissen darf.

Schon der Gedanke an Ehebruch ist ein Ehebruch.
Gedanken sind ein Spiel mit dem Feuer der Hölle
und dem Meer der Tränen.


Gottes Gesetze sind ja keine Schikanen eines Spiel-
verderbers, sondern gute Tipps, um Menschenkinder
vor sich selbst zu schützen.


Früher gab es vielleicht zu viele unbegründete
Schuldgefühle, heute gibt es zu wenig begründete.


Moral ist Konsequenz aus Naturgesetzen,
doch schuld ist heute nur der Spaßverderber,
der an Gottes Grundgesetz auch nur erinnert.


*Know-hower is power :* Mächtige sind nicht
so dumm wie Besserwisser schwach.


Wer nicht gleich sein will, ist noch nicht überlegen.

**Flachenpostbeamte**

„Demnach würde zur Milderung des menschlichen Elends das Wirksamste die Verminderung, ja Aufhebung des Luxus sein." „... ohne Ruhe aber ist durchaus kein wahres Wohlsein möglich."

„Wer für alle Zeiten schreiben will, sei kurz, bündig, auf das Wesentliche beschränkt ..." *(Arthur Schopenhauer)*

Wer offenbart mir, was uns gar nicht offenbart ist?

Wir (er)tragen ohne Ertrag, was uns tragen sollte.

Aphorismen sind Regeln, welche die Regeln verletzen, die unser Leben nicht zu verletzen glaubt.

An sich ist jeder Aphorismus ganz auf sich allein gestellt und steht nur für sich (ein).

Zollen wir nur den Respekt, den wir erwarten?


Unser geringer Verstand versteht sich nur aufs
Verstehen derer, die damit nicht einverstanden sind.


Wer das Leben aufschiebt,
verschiebt es auf die Zeit danach.


Wird ein Werk nie anerkannt, muss es seiner Zeit
nicht unendlich weit voraus sein.


Jeder Wunsch darf mehr hoffen als die Reue.


Fast jeder Ellenbogen macht begreifbar,
dass Regenbogen nicht greifbar sind.


Unrecht hat vielleicht schon,
wem von zu Vielen Recht gegeben wird.

Man ist stets enttäuscht, von erfüllten
wie von unerfüllten Wünschen.


Vergeht die Zeit, weil nichts wert ist, je gewesen
zu sein, und alles sich am Ewigen vergeht?


Ist jämmerlich, wer nicht jammert, erbärmlich, wer
sich nicht erbarmt, und lächerlich, wer nicht lacht?


Sichtbares ist nach Kant der Schatten,
den das Augenlicht wirft.


Man hasst fremde Stärken offen
und verachtet fremde Schwächen verstohlen.


Du kannst *sein*, doch nicht denken, tun und fühlen,
was du willst.

**Ein Funkenregenbogen ist noch kein *theory turn***


Man plant Archäologen ein, die man ausgraben will.


Fortschritt verfolgt und wird befolgt, Fortsetzung
folgt, doch Fortpflanzung erfolgt später.


Ist die Urursache von allem eine vorletzte Nebenwirkung von etwas Unwirklichem?


Was dein Naturell der Natur verbirgt,
verbürgt sie ihm.


Verschließt das Weltall die Augen vor uns
oder öffnen wir sie ihm für uns?


Schwarze Löcher und rote Riesen im siebten
Himmel : Universelle Liebe bei voller Beleuchtung!

Man würde mal in aller Ruhe rasend gern lärmen.


Gern fällt man guten Rednern oft ins Wort.


Kleinste Sätze machen die größten Sprünge
aus dem Ursprung aller Undinge heraus.


Kommunikation zerstört den Konsens : Alles ist
sonnenklar, bevor die Diskussionsrunden beginnen.


Macht Lesefrüchte zu AphorisMus im Weckglas!


Für Aphoristiker formulieren viele zu unterspitzt.


*Hegel, Marx, Adorno, Sartre …*
Dialekte der Dialektik ohne Dialog.

Ideen realisieren sich zu Idolen oder Idyllen.


Ein Stichwort oder Machtwort kann vielsagender
oder nichtssagender sein als Schweigen – u. u.


Unsäglich Unausprechliches
ist ausgesprochen sagenhaft.


Erkenntnis verhält sich zu Selbsterkenntnis
nicht wie Wahrheit zu Wahrhaftigkeit.


Die Schleichwege und Scheidewege, Bremswege
und Fluchtwege der Herren sind nicht sehr forsch.


Wir wurden Götter,
die Gott eher versucht als suchen.


Die Kreuzung von Gott und Mensch ist Kreuzigung.

Machen zehn oder 614 Gebote
den Herrgott berechenbar?


Das Licht der Welt erhellt,
das Licht der Vernunft wärmt.


Die von Traditionen vergewaltigte Gegenwart
geht mit Zukunftsutopien schwanger.


Einbildungen trennen Welten von Weltbildern.


Wer gern im Mittelpunkt steht,
kommt kaum zu Rande.


Bewusstes Unwissen ziert den Kopf,
*Herzensbildung* den Schwachkopf.


*Erfahrschule Lebenslauf.* Wer morgen noch glaubt,
was er gestern schon wusste, ändert seine Ansicht.

Wer dir einen Spiegel vorhält, durchschaut dich nie.


Wer viel vergißt, hat wenig Ahnung von Ahnungen.


Wer Nachruhm vorhersagt, kommt zu früh,
wer über Vorurteile nachdenkt, oft zu spät.


Komfort heißt : Unnötiges tun können
und Dringliches nicht tun müssen.


Sinn macht, worüber noch nicht nachgedacht wird.


*Symptome.* Zu dem, was dir fehlt,
zählt auch, was du hast.


Konzentration macht gewöhnlich so viel weltoffener
wie Selbstbewusstseinserweiterung beschränkter.

*Myopie*. Fernsehen bringt nur Naheliegendstes.


Geht die Seele auf den Geist, machen mich Gefühle,
die sich Gedanken machen.


Wer sich oft aufs Ohr haut, wird eher wach als taub.


Wer Begreifen länger übt,
kann sich immer kürzer fassen.


Übergewicht : Gegengewicht zur Ausgewogenheit?


Fünf Sinne machen Sinn, den sechsten für Unsinn:
Der Sinn des Erlebens ist stets nachprogrammiert.


Aphoristiker rühmen durch Mängelrügen
und tadeln gern durch Lobsprüche.

Mathematiker können Körper auf den Punkt bringen


Die längste Leitung habe der Leser
des kürzesten (Ein-)Spruchs.


Der faulste Kompromiß ist der,
dass keiner mehr geschlossen wird.


Ist Abenddämmerung die Morgenröte des Kopfes?


Wer zu unfrei ist, verkümmert sehr,
wer zu frei ist, sündigt mehr.


Wir leben so, dass nur Katastrophen uns noch retten.


Werden Putschisten auch in Demokratien
weggeputscht?

Bereute Sünden sind geachteter als unterlassene.


Keiner kann aus seiner Haut.
Versetzt euch mal in meine!


Dumme Sprüche summieren sich systematisch, doch
wer ein System sprengt, behält weder Individuen
noch Aphorismen übrig.


Individuen gelten gemeinhin als Kollecktiefpunkte.


Sind Krieger unzufrieden,
wenn sie Frieden kriegen?


Zukunftsforscher neugierig:
„Gibt´s auch mal was Altes?"


Demaskierungen sind meist nur Theater.

Jedes Rad der Zeit steht still, wenn Gottes starker
Arm es will. Das Rad unserer Zeit ist ein Fahrrad.


Es gehört sich, dazuzugehören,
also zu gehorchen statt gehörig zuzuhören.


Physikalisch betrachtet, ist ein Individuum
ein Schwarzes Loch, eine Singularität mit einem
Urknall, der sich gegen alle schwerwiegenden Ein-
wände mit dunkler krimineller Energie inflationär
zur ganzen Halbwelt ausbreiten will.


Amerika wurde von Europa 1492 erfunden
und dann 1776 entdeckt.


Dass etwas redlich stattgesucht statt stattgefunden
hat, wird zuweilen amtlich stattgegeben.


Welcher Idealist will noch im Elfenbeinleuchtturm
sitzen und ins Weite schauen?

Der Spaß hört auf, wo er anfängt : beim Geld, das
die Welt regiert – auch demokratisch nie abwählbar.


*Glauben, Denken :* Flucht nach oben oder nach hinten. Armut und Sünde haben Flucht nach unten frei.


Auch Arbeitslosigkeit schafft mehr
Arbeitsplätze als Muße.


Ans Naturgesetz muss man,
ans Strafgesetz soll man sich halten.


Wer Tatsachen erfasst hat, hat Täter gefasst und
befasst sich damit, damit er sie zu fassen kriegt.


*Digitalisierung* hat nun überall die Finger drin,
mit denen man früher zählte.

*Tot?* Für Gläubige stirbt kein Mensch total.


Im Rechtsstaat heißt „ungerächt" gerecht.


Klappe gehört zum Mundwerk.


Dein Vorbild ist dein Photo
als hundertjähriger Kindskopf?


Jedes Lebensalter hat einen Rückzug vor sich,
der es vorzieht, seine Vorzüge zu sehen.


Feinde kommen einander entgegen,
wie Züge auf eingleisiger Strecke.


Klein und artig zu sein, wirkt auf Große so großartig
wie groß und unartig zu sein, auf Kleine.

Theorie und Praxis verhalten sich wie Drucksachschaden und Tatsachschaden.


Liebe ist die Gunst des Anmachbaren, Gesellschaft die Kunst des Ab- und Mitmachbaren.


Warum soll ich Kinder zeugen und Wesen aufziehen, die dann das Gegenteil sein wollen von mir?


Inzucht ist tabu, doch Fremdenliebe noch seltener.


*Gegenliebe.* Ich liebe unbeliebte Mitmenschen.


Feindestriebe nehmen ab,
Kindertriebe vermehren sich.


Die begründetste Lobrede
steckt im unsachlichen Verriss.

Todesfurcht hat den Nachteil, übers Leben ein auf- und abschließendes Vorurteil zu fällen.

Vorbehaltlicher Protest: der Preis jeder Unterschrift.

*Kompromiss* : Konsens von Konsens und Dissens.

Man ist anders als alle. Wie alle.
Mancher aber ist *anders* anders.

Manche werden nicht einmal übersehen
und übergangen.

Es gibt mehr Pessimisten aus Übermut
als (Optimisten) aus Überdruß.

Muss ein gutbewanderter Mensch
einen vielbefahrenen Lebensweg haben?

Am seltensten wird gelacht über Lächerliches.


*Aufstieg :* Erst machte man mich zur fleißigen
Ameise, dann (ich mich) zur Schnecke
und schließlich zur Sau.


Schwimm lieber über dem Strom als über den Strom


*Bibel* : Hemmungslose Hemmschwelle zum Glück?


Man geht eher ein in gut ausgehende Lebens-
geschichten als in die nie vergangene Vorwelt-
geschichte.


Freiwillig bin ich gutwillig,
unfreiwillig eher böswillig.


Gleichmut : gleicher Mut für alle?

Die Jagd nach dem Glück bringt es zur Strecke.

Zweck vieler Bemühungen ist die Genugtuung, sich redlich bemüht zu haben.

Man macht aus der Not eine Tugend, aber Schwächen sind oft unvorteilhaft kombinierte Stärken.

Aphoristiker halten sich nicht bei Romanen auf.

Verrückte rücken eher zusammen als sich zurecht.

Ein bebendes Heer ist kein verheerendes Beben.

Gute Aussicht hat eher Ansichten von Absichten als Einsichten. Einsichtserklärungen sind seltener.

Wer soll, der darf kaum; wer kann, der will auch.


Sichert am besten eure Bosheiten, am klügsten eure
Dummheiten und am fleißigsten euch fremden Fleiß


Wer einen Gedanken hat, hat mehr
und macht sich weniger als andere.


Ich habe meine Grenzen überwunden,
wenn kein anderer sie überwinden kann.


Ich bin zu schwach, deine Schwächen auszuspielen,
aber stark genug, meine Schwächen zu überspielen.


Mit Besserem kommt soviel Böses,
wie mit Schlechterem Gutes vergeht.


Wer sich besser dünkt, muss sich bessern.

Manche sind nicht mal auf gleiche Weise ungleich.


Wo kann man sich gegen absolute Gewißheiten
und relative Ungewißheit günstig versichern lassen?


Meiner selbst bewusst bin ich
ohne viel Selbstbewusstsein.


Doppelmoral ist eine halbe Unmoral zuviel.


Sind höhergestellte Leute hochentwickeltere Lebewesen, die verwickelte Geschäfte mit dir abwickeln?


Ich habe keine Zeit, um für mich keine zu haben.


*Orakeln et werkeln.* Wer den Morgen verschläft,
verschläft das Morgen und nicht nur Arbeitszeit.

Viele Forscher sind schon früh studierstubenrein.

Bei ungetaner Arbeit ist gut ruhn für Ausbeuter.

Mordsspaß ist ein Freudscher Verhasser.

*Unbewusstes?* Es bringt es zu keinem Du und Ich.

Wer nichts durchmacht als die Nächte,
verschuftet die Freizeit.

Pünktlich nur, wer seiner Zeit weit genug voraus ist:
Ein Kind seiner Zeit ist ewiggestrig.

Wer ständig auf der Arbeitsstelle tritt,
steht sich selbst im Flucht- und Lebenswege.

Meine Freiheit ist unausgesetzt deiner ausgesetzt,
für die sie sich einsetzen muss.


Mancher missratene Mensch war recht gut beraten.


Wer noch nie unter Strafe stand,
steht noch nicht überm Recht.


Dumme gewinnen oft Spiele, die Kluge erfanden.


Unser Verstand hat nur die Grenze,
sich keine zu setzen.


Die Dinge ändern sich.
Fühlen sie sich falsch bewertet?


Hält ein Mann, was er sich von der Frau verspricht?

*Humanität* : Brutalität light.
*Bestialität* : Humanität light.


Grüne Schmutzbehaupter hängen sich und alles an
die große Dunstglocke über ihrer Politik.


Nur Kost und Trunk, Wein und Schwein,
gehen uns unter die Haut.


Man verirrt sich zu Wahrheiten
und nimmt sie unwahr.


Mist düngt das Schlachtfeld der Ehre und den Baum
der Erkenntnis, kein Optimist und Pessimist.


Allgemein(ungs)bildung erschöpft sich
im Allgemeinen in Unwillensbildung.


Hand- und Mundwerk werden Schuldenbergwerke.

Der Mensch ist auf Sand gebaut, in den er den Kopf
steckt oder den er in die Triebe wirft.


Hat die Welt schon den Anschein von Aufklärung
über Scheinwelten?


Wahrheit ist oft ein Resultat
missglückter Schönheitsoperationen.


Die Spiegel vergessen dein Bild.
Ihr Vergessen ist dein Weltbild.


Unredliche stellen Verabredungen beredt in Abrede.


Betroffenheit spürt ein immer anderer in mir.


Man steht vor mehr oder weniger als zwei Wegen.

*Fortschritt* : Von Ostermessen über Industriemessen
zu Schadstoffmessungen.


Wir haben verdient zu wissen,
was wir für den Schöpfer sein sollten
und die Schöpfung für uns sein könnte.


Kein Tod wird das Sterben beenden,
kein Erlebnis ein Dasein wiederbeleben.


*Lastesel mit Waagerecht*. Leid verhütet
Selbstzerstörung, Lust aber Selbsterkenntnis.


Die Zeit lässt keine Lücken geschlossen
und keine Analogieschlüsse offen.


Man lässt sich zu weiteren Entwicklungen
einwickeln und entwickelt sich zu verwickelten
Abwicklungen.

Scheitert das Schicksal, wird der Wille zu eisern,
zu fest oder zu gut.


*Fast oder beiferne.* Man sucht heimlich ein heime-
liges Heim und findet unheimliche Heimsuchungen.


Du bist ein Gordischer Knoten im roten
oder seidenen Faden deiner Lebensgeschichte.


Man exhibitioniert den Einsiedler in sich
und versteckt sich auf offenen Bühnen.


Immer neue Resümees verlängern Texte und Leben.


Krämerseele, ins Sprüchlein passt dein Großkram.


Abgegriffenes ist Angriff auf Ungedroschenes.

## *Zur Sache?* **Sprache auf den zweiten Blick**

„*Theorem.* In sehr kurzen Texten erreicht die Wirkung des geringsten Details die Größenordnung der Gesamtwirkung." (*Paul Valéry* : „Windstriche", „Rhumbs")


Krebs spottet meist jeder Verschreibung.


Den Tod aufzuheben, tötet.
Leben aufzuheben, belebt.


Jeder liegende Gegenstand ein fliegender Wechsel.


Wer sich mit fehlenden Gedanken trägt,
erträgt Fehler und Befehle leichter.


Man befördert uns in die Höhe oder Ferne,
ins Jenseits oder Abseits.


Zieh dich zurück ins Leben in der weiten Welt!

Der Aphorismus, Nachruf auf gemischte Gefühle,
hat immer Hintergedanken, die ihn *aufheben*.


Lies Bücher im Leben wie Sprüche in diesem Buch:
in immer neuer Folge als immer neuer Mensch.


Wo alles verschlossen ist, hilft nur ein logischer
Schluss in Märchenschlössern, gegen allgemeinen
Zerfall nur Zusammenhangloses.


*Aphorismus* : Ein ständiger Gedankengang steht
transportfähig in einem selbständigen Satz und
überlebt sein Verstandensein, weil er wahrer scheint
als wahrscheinlich ist.


Man kann nicht reifen, ohne zu faulen,
aber altern, ohne zu reifen, und nicht jung werden,
ohne unreif zu bleiben.


*Über die Natur* wächst man hinaus.
Sie welkt in uns rein.

*Auch Hirne werden denkmodelliert.* Der Konstruktivist wehrt Realität ab und der Realist die Theorien.


Ich bin weiter als andere. Ich bin ganz bei mir.


Religionsfreiheit wirkt nicht mehr
als Gottverlassenheit.


Kann Unentschiedenheit Partei oder neutral bleiben?


Der Mensch will das Nichts aus der Welt schaffen,
die Gott aus dem Nichts erschuf.


*Wachstum.* Der Kapitalist hört schon das Gras in der Kuh wachsen zu unversetzbaren Butterbergen.


Unbeteiligte fordern Partizipation
an Teilnahmslosigkeit.

Im Konkurrenzkampf beglückwünscht uns der Chef
zu seinem Gewinn.


*Freiheit 2000* : Wahlerlebnis als Wahlergebnis.


Kapitalismus erklärt uns arbeitsfriedliches Kriegen.


Besteht der Himmel darin, dass es keine Hölle gibt,
oder Satan daraus, dass kein Gott ist?


Bei Heidegger wie bei jedem Denker wird Nichts-
sagendes vielsagend und Vielsagendes nichtssagend.


Es gibt Unbewusstes, aber wem wenn nicht meinem
Selbstbewusstsein, und woher nimmt Es das bloß?


Es gibt einen Gott – zu glauben und zu bezweifeln.

Helft mir, mehr aus mir herauszuholen,
als ich mitbringe!


Reiche haben ein Reich, Armen reicht ihr Bereich.


Überfluss überwindet Überflüssige.


Bei Unterdrückten schindet man
nicht nur Eindruck raus.


Nicht erst seit straffreiem Abort fängt der Klassenkampf im Mutterleib an – oder schon lange davor.


Klatschen musste man drüben vor dem Theaterspiel,
durfte man hüben zu seiner Absetzung.


Demagogische Volksbefragung: Partizipation an
längst gefällten Entscheidungen zwecks Mitschuld.

Befreit das hohe Tier aus seinem goldenen Käfig!


Erforderlichste haben am wenigsten zu fordern.


Im Leben hat man wenig oder Falsches zu melden.


Wer dich ausreden lässt,
fährt dir bald über den Leumund.


Nur Licht ist auch im Dunkeln sichtbar,
doch ein Schatten nicht im Lichtschein.


Umweltvorschützer sehen Mutter Natur nicht erst
auf der Kippe, sondern schon auf der Müllkippe.


Kehre vor der eigenen Hintertür –
um oder den Geldboten raus.

*Kaufhaus mit kulantem Rückgaberecht* :
Bedürfnisanstalt, wo man beschissen wird.


Arbeitsscheu ist, was Reiche hindert, Schaffende
abzuschaffen, intra- wie extrauterin.


Gleichheit fordern die Armen, Freiheit die Reichen,
und feindliche Brüder sind sie schon immer.


Der eine zahlt mit Geld, der andere mit Arbeit,
der dritte mit dem Leben. Unzählige zählen gar
nicht und zahlen.


Arbeiter handeln nie, beschäftigen sich nicht und
haben nichts zu tun, zu melden und zu sagen.


Sonderlinge finden selten Sonderlinge,
die sie nicht besonders absonderlich dünken.

Wie kann ein Teil von mir einen anderen Teil
verblüffen? Schwein hat Schwein – zum Freund.


Nur Plagen, Not und Druck zügeln Grillen,
Irrsinn und Raserei – notdürftig.


Der Zufriedene schläft lieber ein,
als ein Verzweifelter erwacht.


Triff Zielscheiben, die noch keiner sieht,
nicht Ziele, die jeder hat.


Wo man nichts zu suchen und zu sagen hat, hat man
nichts verloren als Worte, die man sich sagt.


Entscheide dich für Unentschieden,
und der Wille bleibt frei.

**Ein Sack Rosinen ohne Kuchen**

„In die Geschichte gehen Sätze mit höchstens sieben Wörtern ein." *(Hugo Steinhaus)*

Zu wenig bleibt, was zu viel schreibt.

Die Seele überlebt den Körper
wie der Blick das Auge.

Der Aphorismus muss weniger wissen,
um mehr Macht zu entziehen.

Gleicht das vermenschlichte Untier
den vertierten Unmenschen aus?

*Dreifaltigkeit.* Beim erstenmal gab uns der eine Gott sein Gesetz, das er beim zweitenmal zu Luft und Liebe entschärfte und beim letztenmal wieder gnädig einschärfte.

Warum sollen die Reichen die Armen bemitleiden?
Arme freuen sich ja auch nicht
mit den verherrlichten Reichen.


Wer gesund ausschaut, ist oft krank, und je gesünder
man isst, desto kränklicher sieht man aus.


Mir will nicht in den Kopf,
dass ich nichts darin haben soll.


Demokraten lassen keine andere Wahl,
als andere zu wählen.


Gott fehlt zur Vollkommenheit nicht einmal
eine Schwäche (z.B. für mich, sagt Sein Ebenbild).


Erst muss man es als gegeben hinnehmen
und dann als genommen hergeben.

Böser und dümmer nennst du alle,
die dich überstimmen.


Weißt du, wovon deine eigene Rede ist
und nie sein kann?


Bildung? Vermögenseinfühlung ist verbreiteter.


Gewinner heißen Spielverderber.


Zu Grunde will man wenigstens nicht *gehen* müssen


Dem Aphoristiker fällt zu Binsenwahrheiten
noch Originelles ein, nicht zum Sonderbarsten
noch eine Phrase.


Heute macht lustloser Sex die Liebe gesellschafts-
fähig und schmackhaft. Einst war´s umgekehrt.

Wer sich nähert, entfernt seine Entfernung.


Unbewiesene Behauptungen behaupten sich gegen
Abhandlungen : Der A- bis Zettphorismus sollte
sich zur Philosophie verhalten wie das Fleisch zum
Skelett und das logische Gegenbeispiel zur Logik.


Narzißmus : Feindesliebe auf den ersten Blick.
Nächstenliebe : Narzißmus auf den zweiten Blick.


Nostalgie und Utopie haben gemeinsam die Sehnsucht nach besseren Zeiten, die es noch nie gab.


Führt Befreiung von bewährten Abhängigkeiten
zur Abhängigkeit von gewährten Freiheiten?


Der Reiche ist des Reichtums so wenig würdig
wie des Armen die Armut.

Wer Mitleid hat mit denen, die gar nicht leiden,
ist noch kein Christ.


Man nimmt sich die Freiheit. Vom Nächsten.


Ich weiß nicht mehr, was ich früher schon wußte,
doch ein Kind weiß bald, was der Greis nicht mehr
wissen will und wird.


Wer den Himmel auf Erden hat,
macht ihn anderen zur Hölle.


Keiner ist kritikempfindlicher als der beste Kritiker.


Lebe gegen die Statistik, und du bist Durchschnitt.


Lernt es, Gelehrte zu sein, und lehrt das Verlernen!

Ich bin in Form. Ohne Inhalt. Andere haben Gehalt.
Doch kaum Fasson.


Wer sich zwischen Kindern, Küche, Karriere und
Caritas nicht entscheiden kann, wird Künstler.


Wer Kindern alles oder nichts verspricht
und versagt, hat versagt – sagt man.


Liebst du oder lieben dich zwei, die sich hassen, und
hasst du oder hassen dich drei, die einander lieben?


Lernt spielend den Ernst des Lebens (kennen) und
nehmt nur Spiele ernst und spielt das Ernstnehmen!


*Hinternationale Hinteressen.* Das *Buch der Natur*
macht Primär- zu Sekundärliteratur, doch Primär-
literatur über Sekundärliteratur ist primär sekundär.

Es verletzt, niemanden verletzen zu können.


Du warst mein Leben. Dein Leben war Arbeit.
Ergo : Deine Arbeit war mein Leben.


Befiehl mir meine Wünsche,
und ich wünsch mir deine Befehle.


Hassen zwei einander nicht, weil sie *sich* nicht hassen, oder lieben sie sich, weil sie einander lieben?


Erspart mir das Leid, es mir ersparen zu wollen.


Im Anfang war das letzte Wort auch schon am Ende


Zieht die Karre aus dem Dreck nicht ins Vertrauen!

Alles gemeine Volk gilt als Sperrmajorität gegen
Allgemeingültigkeiten (sagen Speerminoritäten).


Die verbreitetste Sachlichkeit
ist ein undurchschauter rhetorischer Kniff.


Lügen wirken durch das Körnchen Wahrheit,
Wahrheiten durchs Körnchen Wahnsinn
(oder Unwahrscheinlichkeit).


*Philosophie :* Rhetorik ehrlichtuender Lobbyisten.


Flüssige Rhetorik überredet unredlich,
linkisches Gestammel überzeugt authentisch,
stottert man hierzulande.


*Satz vom ausgeschlossenen Dritten*: Entweder
ich oder gar nichts (als mich). *Satz der Identität*:
Egos gleichen eher einander als sich selbst.
*Satz des Widerspruchs*: Es widerspricht sich,
zugleich sich selbst und Gegnern zu widersprechen.

Das Beste, was du tust, ist die Bestie,
die du nicht lässt.


Wie kommt eine Greisin wieder in die Wechseljahre, liebe Forscher, um jünger zu werden?


Deutsche lesen und schreiben lieber Romane
als Kurzgeschichten. Sie können sich kurzfassen
nur im Kommando.


Ideenlose sind gegen Idealismus.


*Kommt nicht in Antwort.* Versteht es sich, dass man
auf Selbstverständliches sich zu wenig versteht?


*Sartre : Die Hölle, das sind die anderen* im Himmel.


„Erkenne dich selbst"
nimmer als immer Verkannten!

Hat der Mensch mehr als seine fünf Sinne,
hat der Weltraum mehr als drei Dimensionen.


Staatsdiener gehen vom Ruhestand
in den Ruhestand.


*Hippokrates.* Wem was fehlt, der sucht die Praxis
auf, wer nichts hat, die Theorie.


„Wirtschaftsweise" handeln mit Denk- und Produktionsweisen und kennen keine Handlungsweisen.


Wer fällt, neigt sich herablassend gnädig uns zu.


*Sokrates?* Ich weiß nicht mal, dass ich alles weiß.


Alle sitzen im selben Boot?
Keiner besitzt dasselbe Boot.

Wenn alles wenigstens nur Scheiße wäre!
*Scheiß auf Kunstdünger!*


Auch für Abgründiges gibt es gute Gründe,
doch weshalb für manches kein Warum und Wozu?


Mit der Zeit gewöhnt ein gewöhnlicher Sterblicher
sich daran, keine zu haben.


Was uns über den Kopf wächst,
hat allein die Übersicht.


Kann man Partei nehmen
für unparteiische Wahrheiten?


Es gibt keine Fehldeutungen.
Interpretiertes wird falsch.


Liebe vergeht durch den Saumagen.

Bei Heidegger existiert ein Nichts mehr
und ein Deontologe weniger als alles, was ist.


Eins plus eins ist Zwietracht,
Zwielicht und Zwiespalt.


Biographien über Genies sind lesenswert bis kurz
vor deren Durchbruch, solange sie noch Loser sind.


Es gibt nichts Neues unter der Sonne,
doch unter Astronomen immer Neues über sie.


*Wer* Literaturgeschichte *schreibt*,
*der bleibt* ungelesen.


Das Leben geht weiter. Zu Grunde und zu Ende.


Eine Zensur findet nicht statt – findet sie.

Wer schon Sterne sieht, sieht keine Sonne mehr.


Vor schönen Gemälden wirst du häßlicher,
vor modernen Bildern viel schöner.


Alles Einerlei ist ein geschmolzenes Allerlei.


Progressive schreiten gegen Fortschritt ein und aus.


Putzteufel werfen Schweißperlen vor die Sauberkeit.


Jeder Disput zwischen Input und Output
findet seinen Konsens in diffuser Konfusion.


Aphoristiker schreiben spartanisch:
Sie töten missgebildete Geisteskinder.

Wer gegen die Philosophiegeschichte dachte,
ist aus ihr nicht mehr wegzudenken.


Sadisten, die die zweite Wange hinhalten,
wirken etwas pervers.


*Gut und schön* : Vom Ich zum Wir,
von Strich zu Wirr.


Wo eine Praxis glückt, misslingt ihre Theorie, u. u.


Kunst bringt ins Chaos mehr Chaos als Orden
und mehr Komik als Kosmetik in den Kosmos.


Todsicher ist bombensicher und nicht umgekehrt.


Aphoristiker sprechen gebrochen Linguistisch:
Das Wort für Wahrheit muss raus,
und wenn´s dabei zu Bruch geht.

Bilder für Begriffe wirken (r)echt denkmalerisch.

Der Atheist bricht alle Eselsbrücken über sich ab.

Ideen und Interessen müssen sich miteinander maskieren.

Die große Welt und Hinterwelt ist, wie sie ist, auch für die Halb- und Unterwelt.

Große Gedanken entspringen dem Herzen.
Recht bald.

Alles steht im Fluss oder am Fließband.
Überflüssig herum. „Alles fließt." Ständig.
(Auch in solchem Satz?)

Denk schon nach, wenn alle sich noch Gedanken machen, doch iss erst, wenn alle zu essen haben!

Reine Engel : Putzteufel.


Und bist du zu billig, Gehalt, so brauch ich Gestalt.


Gegen Pessimisten hilft Optimisten auch Nihilismus


Auch unter Schafen spricht man Wölfisch,
auch unter Werwölfen gibt es Schafsköpfe.


Schlagt sie, damit sie einschlägige Kassenschlager
produzieren oder gar nichts, sagt die Industrie.


Wer Montaigne las, versteht besser dessen besten
Leser (und Vollender): Shakespeare. Doch wer
Shakespeare las, versteht Pascal nicht mehr.


*Gretchenfrage :* Wie hält der blanke Hans es nur
mit uns (aus)?

Selbstlos : selbstentfremdet.


Ein Vielseitiger hat eben viele Einseitigkeiten.


Denke selber! (Kant) Setz dich voraus und handle wie keiner! (Fichte) Heb dich selber auf! (Hegel) Verbrauche dich selbst! (Max Stirner) Existiere selber! (Kierkegaard) Überwinde dich selbst! (Nietzsche) Mach und überschreite dich selbst! (Sartre) Entwirf und verwirf dich selbst! (Heidegger) Produziere dich selbst (und alle mit)! (Marx)


Kunst emanzipierte Musen und Frauen voneinander.


Schuldgefühle werden als Masochismus therapiert.


Jeder Zweckbau, auch Ackerbau, wird zu Raubbau.


Jeder ist eine Bresche durch fremde Schneisen.

Wird Herzergreifendes besitzergreifend,
wehrt sich das Mitleid.


Justiz schützt auch Freiheit vor Recht,
also Reiche vor Armen.


Weise haben mehr Vaterwitz als gewitzte Leute.


Brenn durch zu dir, zum Meer oder zu mehr!


Es ist leichter, oft zu handeln als einmal zu denken,
und bei weniger Gewicht auch weniger wichtig.


Nomaden, nicht Bürger, sind das Gegenteil von
Flüchtlingen. Bürger waren Flüchtlinge aus dem
Nomadenleben.


Kriminelle wären zum Krimischreiben zu verurteilen. Der Jahresbeste bekäme ein Knastjahr erlassen.

Lechts und rinks verwechselt schon jeder Spiegel.


Abrüstung ist Entrüstung über jene, die ihre ABC-Waffen nicht wieder durch Keulen ersetzen wollen.


Kosmopolit : Weltstreicher.


DIAMAT : wissenschaftsförmige Attacke Besseresverdienender auf Besserverdienende.


Satiren und Lobreden wetteifern stets um den Titel der wahr(scheinlich)sten Aussagen.


Biobauern halten andere Bauern für Sensenmänner.


Nehmen deine Zukunftspläne Rücksicht auf dich, bleibst du auf deinen Erinnerungen sitzen.

Ich lobe dich, damit du mich mit deinem wahren
Gesicht verschonst.


Politiker werden aus demselben Grund gewählt
wie geschmäht: weil sie uns nach dem Mund reden.


*Weisheit* wäre eine ganz unverständliche Weise,
das große Ganze unergründlich zu verstehen.


*Philosophie* : Unanschaulichste Weltanschauung.


Engagiert sein heißt sich dafür einsetzen, dass jeder
sich den Daily News übers Elend der Welt aussetzt.


Mode ist das Tabu über Moderne von Übermorgen.


Trostpreis für Unverkäufliches : Ins Oberseminar!

Demokratie heißt, solange Unsinn verbreiten
zu können, bis man die Mehrheit hat und ist.


Logik ist förmlich die unförmigste Form,
an bloße Formen der Gedanken zu denken.


Logiker sind Leute, die trivial finden,
was uns unverständlich ist, und missverständlich,
was uns selbstverständlich scheint.


Reine Logik ist Phantasterei von Phantasielosen
und ein reines Formbewusstsein deformierter
Materialisten und Mathematiker.


TV : malerischer Blick vom Lehnstuhl
auf das Elend in der Welt.


Konflikt ist Konsens darüber, dass er einer ist, doch
Konsens oft Dissens darüber, ein Konflikt zu sein.

## Erlebnisdenken oder Erkenntnisspiele?

*Kunstpreis* : Trostpreis für Experimentalworstseller.

Bildet Paare! Das bildet nicht.

Linke und Rechte haben gemein,
anderen und einander guten Gewissens
ein schlechtes machen zu wollen.

Ungeplagte Leute sind noch größere Plagen.

Aphoristik ist monologisch entarteter
Pointen-Pingpongdialog mit Lesern.

Wer sich nie bessert, bleibt auch jung.

Kommunikation ward bedeutender als Mitgeteiltes.


Wer Ideen verkörpert, entseelt häufiger
seinen Wanst, als ihn zu vergeistigen.


Man bräuchte eher Reifbrunnen für den Geist
als Jungbrunnen für den Leib.


Intelligenz ist die Klugheit, IQ-Tests auszuweichen,
ohne Verdacht zu erregen, oder ihr Resultat
geistreich zu kontern.


Täuscht keine Begabung vor, eine vorzutäuschen!


Ich unterstütze *bedingungsloses Grundeinkommen*
(BGE) nur für Leute, die schriftlich garantieren,
ihre schöpferischen Gaben für sich zu behalten.

Wenn man nur wüsste, ob ein BGE mehr stille
Untätige oder kreative Untäter bescheren würde!


*Pop*: Heisse Sehnsucht nach cooler Gleichgültigkeit.


Womit wärst du komisch (rührend) genug, um
Gott zum Lachen (Lächeln) zu bringen, ohne
dich auszulachen? Durchs Stellen solcher Fragen?


Luther ersetzte den Papst durchs Gewissen,
Freud den Papa durchs Über-Ich, der Doktortitel
den Doktorvater durch Selbstindoktrination.


Mancher Generaldirektor hat eine Spezialsekretärin,
aber welcher Generalsekretär einen Spezialdirektor?


Seelische Armut durch Vermögensbildung oder
geistige Bereicherung ohne materielle Verarmung
wäre nur Halb- oder gar Einbildung.

Egoist ist einer, der sich seinen Wert nicht von mir
bestätigen lassen muss.


*Postel: Gegner von Aposteln.* Toleranz ist die Gabe,
Wutausbrüche nur strategisch gezielt einzusetzen.


Religion ist die einzige Möglichkeit des Menschen,
nicht an sich selbst zu glauben.


*Trauerarbeiter* trauern auch um unbewilligte Rentenansprüche, Urlaubszeiten und Kündigungsschutz.


Fortschritt tritt immer schneller auf der Arbeitsstelle


*Zeitgeist* ist die Existenzangst, nicht zu existieren.


Der Bücherwurm liest vom Blatt ab,
was man anderen, nicht ihm ins Gesicht sagen soll.

Reiche haben *Freiheit*, Arme *Gleichheit*
und beide feindliche *Brüderlichlichkeit*.


*Toleranz* : Ungeduld gegen Bombenentschärfer
als Geduld mit Bombendrohern.


Den armen Deutschen gibt man gute Worte,
den Franzosen Bonmots, den Briten bad news.


Der Verlierer von Kriegen nennt sich Kulturnation.


*Lebensweg* : Erst weiß man nicht, was man tut,
und dann nicht mehr, was man mal tat.


Ist ein Christ, wer Interessen nie wahrnehmen kann?


Altersheime : Jugendheime für leicht Angestorbene.

Macht die laute Stimme der Natur dich nicht mehr
taubstumm, dann die leise Stimme der Vernunft.


Handle nicht, sei die Agentur! Sei nicht passiv, sei
passioniert! Denk nicht nach, mach dir Gedanken!


Arbeitsstehler und Arbeitsschenker
stehen permanent im Tarifkonflikt.


*Weltanschauung* : Verwackeltes Bild
von fremd(artig)en Weltbildern.


Wo du hindenkst, wird dem Kopf schlecht;
wo du hingehst, wird dem Lebensweg schlecht.
.


S*ündhaft* teuer ist wahrhaft *nur* teuer.


Wer Gutes nicht übertrifft, kann es noch parodieren.

Die sich endlos streiten können, ob sie sich überhaupt einigen wollen und müssen, philosophieren.


Von Gegenwartsaphoristikern lassen hoffen:
Peter Handke, Botho Strauß, Martin Walser,
Dirk Fetzer, Michael Rumpf, Michael Richter,
Hermann Funke, Horst Drescher, Andreas Steffens,
Ulrich Erckenbrecht, Wilhelm Genazino,
Rudolf Hartung, Heimito Nollé, Hartmut Lange,
Jürgen K. Hultenreich . . . *Metamorphoristiker*.


Lass mich ausreden, damit du ungestört nachdenken kannst, was du gleich sagen willst!


*Hermeneutik*. Verschmelzen die Horizonte von uns allen, entsteht eine engere Welt.


Der Heide liebt seinen Nächsten mehr als Gott, sagt er. Der Christ soll Gott mehr lieben als seine Nachbarn, und er liebt Ihn mehr, um sie weniger lieben zu müssen.

Manche lassen gern Federn, um damit zu schreiben.


Menschen sind Masochisten : *Geld macht nicht glücklich*, sagen sie und wollen Geld.


Der Weltkrieg von Bürgern und Nomaden war der Streit der Weltverbesserer und Weltbildverbesserer.


Kants *Ding an sich* ist hinter der Erscheinung − her.


Dieses Unterbuch ist übersensibel für den Konsens von Dissens und Nonsens.


Mein Wort will keine Leser verletzen,
sondern nur ihr dickes Fell zeigen.

## Sekundärliteratur zum Aphorismus


*Gerhard Neuman (Hg.):* „Der Aphorismus.
Zur Geschichte, zu den Formen und Möglichkeiten
einer literarischen Gattung", Darmstadt 1976

„Ideenparadiese. Untersuchungen zur Aphoristik
von Lichtenberg, Novalis, Friedrich Schlegel und
Goethe", München 1976

*Peter Krupka:* „Der polnische Aphorismus",
München 1976

*Hans Peter Balmer;* „Philosophie der menschlichen
Dinge. Die europäische Moralistik", Bern 1981

*Harald Fricke:* „Aphorismus", Stuttgart 1984

*Gisela Febel:* „Aphoristik in Deutschland und
Frankreich", Frankfurt/Main 1985

*Klaus von Welser:* "Die Sprache des Aphorismus",
Frankfurt/M. 1986

*Heinz Krüger:* „Über den Aphorismus
als philosophische Form", Frankfurt/M. 1988

*Werner Helmich:* „Der moderne französische
Aphorismus", Tübingen 1991

*Stefan Fedler:* „Der Aphorismus. Begriffsspiel zwischen Philosophie und Poesie", Stuttgart 1992

*Paul Geyer / Roland Hagenbüchle:* „Das Paradox", Tübingen 1992, Würzburg 2002²

*Thomas Stölzel:* „Rohe und polierte Gedanken. Studien zur Wirkungsweise aphoristischer Texte", Freiburg 1998

*Lada Lubimova:* „Struktur und Funktion des Aphorismus : eine textlinguistische Studie", Bremen 1998

*Robert Zimmer:* „Die europäischen Moralisten", Hamburg 1999

*Michael Esders:* „Begriffs-Gesten. Philosophie als Kurze Prosa von Friedrich Schlegel bis Adorno", Frankfurt/Main 2000

*Rüdiger Zymner:* „Aphorismus", In: Kleine literarische Formen in Einzeldarstellungen, Stuttgart 2002

*Friedemann Spicker:* „Kurze Geschichte des deutschen Aphorismus", Tübingen 2007

„Die Welt ist voller Sprüche. Große Aphoristiker im Porträt", Bochum 2010

*Andreas Egert:* „Der Fall Aphorismus. Zur Genese und Aktualität einer Gattung", AZUR 2015

## Weiterführendes vom Autor

„Martin Heidegger –
Versuch einer Psychoanalyse seines *Seyns*", 1993

„Die Irren sind auch nicht mehr die einzig Normalen"
(Erzählungen), 1997

„Auch der Eskimo klebt an seiner Eisscholle"
(Geschichten und Virtuosenstücke), 1998

„Am schnellsten vermehrt sich die Unfruchtbarkeit –
*Essays zur Multi-Kulturlosigkeit"*
(Rückblick auf das 21. Jahrhundert), 1998

„Dein Leben hat Sinn – für deine Ausbeuter",
*Ein aphoristisches Gesellschaftssystem*, 2016

„Objektivität durch Subjektivität oder umgekehrt? –
*Phänomenologischer Entwurf
einer dekonstruierten Erkenntnistheorie",* 1999

„Nur in der Fremde fühle ich Fernweh"
*(Idyllischer Roman),* 2000

„Künste und Wissenschaften als verlorene Paradiese –
*Essays zur Bedeutung der Kultur-Idyllen",* 2000


„Der Mensch ist, was er verg-isst /
*Kosmostheorie oder Gemeinschaftspraxis",* 2007


„Philosophische Formelsammlung :
*Ambivalente Gedankenexperimente und nachsokratische
Fragmente",* Verlag Königshausen & Neumann, 2012


„Gedankenlesen : Hirnforschung ohne Computertomographen – *Philosophie zwischen Wissenschaft, Kunst und Religion",* DWV Deutscher Wissenschafts-Verlag, 2013


„Die Liebhaber der Sophie –
*Philosophiegeschichte in Philosophengeschichten",* 2013


„Aphorismen zur Zeitaltersweisheit –
*Kopfverdreher, Kopfzerbrecher",* 2014


„Ist *Philosophical Correctness* eine Kommunikationswissenschaft? *Versuch über moderne Versuchungen",*
2015


„Die längste Leine trägt die Freiheit –
*Faule Zaubersprüche",* 2015

„Quanten, Quarks und Strings im Kopf –
*Eintausend neue Aphorismen*", 2015


„Die meisten Aufrechten sind unter Gefallenen /
*Dumme Sprüche, alte Spiele*", 2015


„An sein Innerstes erinnert sich keiner –
*Nicht ganz dichte Gedichte*", 2015


„Zur Tiefenpsychologie der Philosophiegeschichte : *Kurze
Geschichte der unbewussten Weltanschauungen*", 2015


„Mann und Frau befreien sich – voneinander /
*Geschlechterkrieg oder Klassenkampf?*", 2015


„Zur Dialektik und Phänomenologie
der Natur- und Kultur-Idyllen", 2015


„Wer gut abschneidet, kastriert –
*Zurück zur frühromantischen Magie?*", 2015


„Nächtliche Streichhölzer –
Aphorismen zur Lebensgewohnheit", (Satiren), 2016


„Esprit und Geisteswissenschaften – *Wechselwirkungen
zwischen Kunst, Philosophie und Psychologie*", 2016

„Fürchte den, der dich fürchtet – Hundert Jahre DADA", *Zwergrätsel zu Spottpreisungen*, 2016

„Mit einem Satz ins Freie – *Reflexionen, Urteile und Sentenzen*", 2. überarbeitete Auflage, 2016

„Gewinner heißen Spielverderber", *Aphorismen*", 2016

„Sei zu klein, um zu herrschen, und zu groß, um beherrscht zu werden – *Dogmatische Aphorismen*", 2016

„Schlafmützen nennen uns Träumer – *Lumpenproletarische Sprüche*", 2017

„Zwergrätsel, Satiren und Zwickmühlen – Auswahl von Aphorismen", 2017

„Philosophische Überlegungen in psychologischen Auslegungen – *Bauchgedanken und Kopfgefühle : Wenn die Seele auf den Geist geht*", 2017

„Verteidigung des Elfenbeinturms – *Große Sprüche, wieder nur Widerspruch*", 2017

„Fertig machen dich deine Fertigkeiten – *Aphoristische Idyllen*", 2017

Empfohlene Aphorismenbände

„Der Mensch ist, was er verg-isst / *Kosmostheorie gegen Gemeinschaftspraxis*", 2007

"Philosophische Formelsammlung – *Ambivalente Gedankenexperimente und nachsokratische Fragmente*", 2012

„Aphorismen zur Zeitaltersweisheit – *Kopfverdreher, Kopfzerbrecher*", 2014

„Mit einem Satz ins Freie – *Reflexionen, Urteile und Sentenzen*", 2016

„Zwergrätsel, Satiren und Zwickmühlen – *Auswahl von Aphorismen*", 2017

"Objektivität durch Subjektivität oder umgekehrt?"
*Phänomenologischer Entwurf einer dekonstruierten Erkenntnistheorie*
*ISBN 3-89811-157-1*               *164 Seiten*

Diese Arbeit versucht, die klassische Disziplin der Erkenntnistheorie, welche heute in Wissenschaftstheorien aufzugehen droht, wiederzubeleben durch Rückgriffe auf psychoanalytische Befunde und auf aphoristische "Gnome" (griechisch "Erkenntnis") - die den philosophischen Main- stream unterirdisch begleiten - am phänomenologischen Leitfaden von Sartre, Heidegger und Conrad-Martius. Das Unbewußte gilt seit Freud als *missing link* zwischen Leib und Seele. Die Erkenntnisbedingungen und -widerstände kommen nicht nur aus Verstand oder Gegenstand, sondern auch aus leiblich fundierten Triebkonstellationen. Daß die Erkenntnis- und Selbsterkenntnisleistungen des menschlichen Bewußtseins hinterrücks oft mitbestimmt - oder systematisch verzerrt - werden durch abgewehrte Anteile der Subjektivität, wäre für die philosophischen Erkenntnistheorien endlich fruchtbar zu machen, und die Aphoristiker waren immer auch de(kon)struierende Ur-Analytiker des Unbewußten hinter rationalisierenden Bewußtseinsfassaden.


"Nur in der Fremde fühle ich Fernweh" oder :
„Die grüne Bank am Deich" (*Idyllischer Roman*)
*ISBN 3-89811-378-7*               *302 Seiten*

Zwischen Gedenken und Gedanken. Ein alter und ein junger Mann sprechen über Gott und die Welt und die Seele, auch über Adalbert Stifter. Und sie erinnern sich an ein Leben in Bibliotheken und im Buch der Natur, nicht in Staat und Gesellschaft. Eines Tages kommt eine junge Frau dazu, das ist fast alles. - "Von Verwicklungen und Lösungen, von Herzenskonflikten und Konflikten überhaupt, von Spannungen und Überraschungen findet sich nichts" in diesem ruhigen Roman, der das Idyll rehabilitieren will, die heute verrufenste aller Gattungen. Das ist die sozialkritische Provokation, ein noch unzeitgemäßes Plädoyer für Studierstubenhocker in kontemplativsten Elfenbeintürmen, nicht für komische Käuze im hektischen Koma.


"Künste und Wissenschaften als verlorene Paradiese
– *Essays zur Bedeutung der Kultur-Idyllen*"
*ISBN 3-89811-801-0                    252 Seiten*

"Die ... Unabhängigkeit, die der eine draußen in der Welt sucht, findet der andere in dem Freistaat der Kunst und Wissenschaft." (Th. Fontane) Kultur als Selbstzweck ist der einzige Garten Eden, der jedermann jederzeit offen steht. Auch und gerade Kunstwerke anti-idyllischen Inhalts z. B. stellen oft schon kraft ihrer ästhetischen Form in sich stimmige Kultur-Idyllen dar. Überfällig wäre die methodische "Contemplation in a world of action" (Th. Merton), also wird angeknüpft an Traditionsbestände, welche die heute soziohistorischen Paradigmen versuchsweise ersetzen durch gründlich entkollektivierte und praxisabstinente Theorie-Kulturen. - Die reine Bildungsidylle, die nichts als kosmische Ordnungen ohne jeden Aktionsappell betrachtet, war aber wohl immer schon selbst jene Sozialutopie, von der sie historisch meist nur begraben wird.